Sitzungsberichte der
Akademie der Wissenschaften
der DDR Jahrgang 1973 Nr. 21

Wolfgang Eichhorn

Wechselbeziehungen zwischen Produktivkräften und Produktionsverhältnissen

Akademie-Verlag · Berlin
1974

Vortrag von Wolfgang Eichhorn, Ordentliches Mitglied der Akademie der Wissenschaften der DDR;
Diskussionsbeiträge von Gunther Kohlmey, Ordentliches Mitglied der AdW der DDR,
Fred Oelßner, Ordentliches Mitglied der AdW der DDR,
Eberhard Poppe, Korrespondierendes Mitglied der AdW der DDR,
Kurt Braunreuther, Ordentliches Mitglied der AdW der DDR und
Lisolotte Welskopf, Ordentliches Mitglied der AdW der DDR,
gehalten in der Sitzung der Klasse „Gesellschaftswissenschaften I“
(Klasse für Philosophie, Ökonomie, Geschichte, Staats- und Rechtswissenschaften)
am 13. Dezember 1973.

Herausgegeben im Auftrage des Präsidenten
der Akademie der Wissenschaften der DDR
von Vizepräsident Prof. Dr. Heinrich Scheel

Erschienen im Akademie-Verlag, 108 Berlin, Leipziger Str. 3—4

Lizenznummer: 202.100/310/74
Gesamtherstellung: VEB Druckerei „Thomas Müntzer“, 582 Bad Langensalza/DDR
Bestellnummer: 7527440 (2010/73/21). LSV 0325
Printed in GDR
EVP 3,–

Sitzungsberichte der AdW der DDR, 21	1973

W. Eichhorn

Zur Untersuchung der dialektischen Wechselbeziehungen zwischen Produktivkräften und Produktionsverhältnissen

Im folgenden werde ich einige philosophische Probleme erörtern, die bei der Ausarbeitung der Dialektik von Produktivkräften und Produktionsverhältnissen auftreten und die sich vor allem ergeben, wenn wir die komplizierte Entwicklung von Produktionsweisen erfassen wollen und wenn wir die Besonderheiten der Entwicklung der Produktivkräfte und der Produktionsverhältnisse im Sozialismus und unter den Bedingungen der beginnenden wissenschaftlich-technischen Revolution theoretisch in den Griff bekommen wollen. Meine Ausführungen werden philosophisch-allgemeiner Art sein. Dennoch hoffe ich, damit auch wesentliche und aktuelle Interessen des Politökonomen, des Historikers, des Wirtschaftshistorikers anzusprechen und zur Diskussion anregen zu können.

Zunächst möchte ich kurz skizzieren, wie die Dialektik von Produktivkräften und Produktionsverhältnissen heute gewöhnlich verstanden wird, um dann einige Probleme aufzuwerfen, die sich dabei ergeben.

Im allgemeinen folgen wir bei der Erörterung dieses Problems mit Recht und mit gutem Grund dem Marxschen Vorwort zu dem Werk „Zur Kritik der politischen Ökonomie". Dabei ist heute meist von einem „Gesetz der Übereinstimmung der Produktionsverhältnisse mit dem Charakter und dem Entwicklungsniveau der Produktivkräfte" die Rede; die Produktionsverhältnisse müssen mit den Produktivkräften „übereinstimmen", damit diese optimal funktionieren und sich entwickeln können; wenn Produktionsverhältnisse auf Grund der Tatsache, daß sie das beharrende, konservative Element der Produktionsweise sind, veralten, dann kommt es zu einer „Nichtübereinstimmung", zu einem Widerspruch; es wird notwendig, diesen Widerspruch zu überwinden, die veralteten Produktionsverhältnisse zu beseitigen und durch neue zu ersetzen, die mit den Produktivkräften „übereinstimmen". Dieses Gesetz gilt auch im Sozialismus. Da hier jedoch die Arbeiterklasse die Führung inne hat und es keine antagonistischen Klassen mehr gibt, ist es möglich, Produktionsverhältnisse, die mit der Entwicklung der Produktivkräfte nicht mehr übereinstimmen, bewußt und rechtzeitig, bevor es zu größeren ökonomischen

Erschütterungen kommt, durch neue Produktionsverhältnisse zu ersetzen. Die Widersprüche zwischen den Produktivkräften und veralteten Produktionsverhältnissen können rechtzeitig überwunden werden. Die Übereinstimmung zwischen Produktivkräften und Produktionsverhältnissen wird wiederhergestellt, ohne daß eine politische Revolution erforderlich wäre.

Wenn ich hier eine übermäßig verkürzte Darstellung gegeben habe, so mag man das meinem Bestreben anlasten, die Probleme, um die es mir geht, deutlicher zu machen.

Zunächst möchte ich darauf hinweisen, daß wir mit dieser Sicht der Dinge zwei wichtige Aspekte der dialektisch-widersprüchlichen Beziehungen zwischen den beiden Seiten der Produktionsweise hervorheben. Erstens betonen wir die Endphase in der dialektischen Entwicklung der Beziehungen von Produktivkräften und Produktionsverhältnissen — diejenige Phase nämlich, wo vorhandene Produktionsverhältnisse bereits zu Fesseln der Produktivkräfteentwicklung geworden sind —, und zweitens betonen wir die Notwendigkeit, die dabei entstehenden Konflikte zu lösen, was durch die Ersetzung gegebener Produktionsverhältnisse durch neue Produktionsverhältnisse erfolgt.

Die Hervorhebung dieser Gesichtspunkte ist von großer Bedeutung für die dialektisch-materialistische Auffassung von der Geschichte, namentlich dann, wenn es darum geht, die Geschichte als eine Geschichte von Gesellschaftsformationen zu begreifen, die einander im Laufe der Zeit ablösen. Ich muß auf diese Zusammenhänge in unserem Kreis nicht weiter eingehen. Es darf aber nicht vergessen werden, daß diese beiden Gesichtspunkte nur bestimmte — wenn auch sehr wichtige — Momente der dialektischen Entwicklung der Produktionsweisen fixieren. Daher würde eine *Beschränkung* der theoretischen Sicht auf diese Gesichtspunkte andere wichtige Aspekte der Entwicklung der Produktionsweisen außer acht lassen.

Beispielsweise würde das die Auffassung nahelegen, daß in revolutionären Perioden der Ablösung einer Formation durch eine andere im Hinblick auf den ökonomischen Umgestaltungsprozeß bloß zurückgebliebene Produktionsverhältnisse beseitigt und mit neuen Produktionsverhältnissen lediglich ein Spielraum für bereits vorhandene Produktivkräfte gegeben wird. Eine solche Vorstellung wäre aber schon unzureichend für das Verständnis des Übergangs zur kapitalistischen Produktionsweise — ich komme darauf an Hand Marxscher Bemerkungen zu diesem Übergang zurück — und erst recht natürlich für die wissenschaftliche Begründung des Kampfes der Arbeiterklasse beim Übergang zur kommunistischen

Produktionsweise. Hier ist ja inzwischen völlige Klarheit darüber geschaffen, daß die Beseitigung des Grundwiderspruchs des Kapitalismus durch den Übergang zu sozialistischen Eigentums- und Produktionsverhältnissen vorerst nur den langdauernden Prozeß der Herausbildung der neuen, spezifisch kommunistischen Produktionsweise einleitet. Wenn die Arbeiterklasse die sozialistischen Produktionsverhältnisse schafft, welche objektiv die planmäßige gesellschaftliche Produktion zur Befriedigung der Bedürfnisse aller Gesellschaftsmitglieder und zur Sicherung ihrer höchsten Wohlfahrt bedingen, so sichert sie bereits erworbene Produktivkräfte und setzt deren Entwicklungstendenzen frei, verwirklicht sie Möglichkeiten, die bereits mit der Vergesellschaftung der Arbeit durch den Kapitalismus entstanden, beseitigt sie die vom Kapitalismus überkommenen Deformationen der Produktivkräfte, schafft sie Bewegungs- und Entwicklungsformen, durch die die Entwicklungsrichtung und das Entwicklungsgesetz der Produktivkräfte grundlegend verändert werden und durch die die Herausbildung eines neuen Typs der gesellschaftlichen Produktivkräfte möglich und notwendig wird. Die Dialektik von Produktivkräften und Produktionsverhältnissen, die dem Kampf um die Lösung der weltgeschichtlichen Aufgaben der Arbeiterklasse zugrunde liegt, kann also nicht darauf reduziert werden, daß es zwischen den beiden Seiten Konflikte gibt und daß es nötig ist, die Produktionsverhältnisse umzugestalten und sie bereits vorhandenen Produktivkräften anzupassen.

Eine einseitige, verkürzte Auffassung zu diesem Problem wird aber meines Erachtens auch durch den Gebrauch der Termini „Übereinstimmung“ und „Nichtübereinstimmung“ und durch die Formulierung „Gesetz der Übereinstimmung der Produktionsverhältnisse mit dem Charakter und dem Entwicklungsniveau der Produktivkräfte“ nahegelegt. Zunächst möchte ich entgegen weit verbreiteten irrigen Meinungen feststellen, daß diese Termini und vor allem diese Gesetzesformulierung bei den Klassikern des Marxismus-Leninismus nirgendwo vorkommen. Sie bildeten sich erst in den letzten drei bis vier Jahrzehnten heraus, beginnend mit dem Versuch, die Besonderheiten der Wechselbeziehungen zwischen Produktivkräften und Produktionsverhältnissen im Sozialismus — den vorangegangenen Gesellschaftsformationen gegenüber — theoretisch zu erfassen und bei der allgemeinen Formulierung der Wechselbeziehungen von Produktivkräften und Produktionsverhältnissen zu berücksichtigen. In der Zwischenzeit haben sich diese Formulierungen eingebürgert.

Man muß nicht unbedingt diese terminologische Entwicklung rückgängig machen. Aber man muß Rechenschaft über den Inhalt ablegen, der mit dem Gebrauch dieser Termini verbunden ist. Und da muß allerdings festgestellt werden, daß mit dem Aufkommen und der allgemeinen Anerkennung der genannten Gesetzesformulierung die Termini „Übereinstimmung" und „Nichtübereinstimmung" oft zu sehr schematischen Vorstellungen über die Beziehungen von Produktivkräften und Produktionsverhältnissen führten und oft so verwendet wurden, als ob die Übereinstimmung von Produktivkräftentund Produktionsverhälsnissen das Nichtvorhandensein von Widersprüchen und die Nichtübereinstimmung das Vorhandensein von Widersprüchen bedeuten. Würden wir jedoch unsere Aussagen über die dialektischen Wechselbeziehungen von Produktivkräften und Produktionsverhältnissen auf das Konstatieren von Übereinstimmung und Nichtübereinstimmung beschränken und diese noch auf die Formel reduzieren: Nichtübereinstimmung = Widerspruch und Herstellung der Übereinstimmung = Beseitigung des Widerspruchs, dann würden Entwicklungsprozesse vor allem im Sozialismus unerklärbar.

Natürlich kommt es auch im Sozialismus dazu, daß Produktionsverhältnisse die Entwicklung der Produktivkräfte zu hemmen beginnen. Das ist aus der Praxis und der theoretischen Literatur bekannt, und es geht mir nicht darum, diese Tatsachen zu leugnen oder in ihrer Bedeutung herabzusetzen. Viele Notwendigkeiten der sozialistischen ökonomischen Integration beispielsweise ergeben sich aus dem Vorhandensein oder Heranwachsen solcher Widersprüche. Aber wenn wir uns auf die genannten Momente der dialektischen Beziehungen von Produktivkräften und Produktionsverhältnissen beschränken würden, so könnten wir damit zwar partielle und zeitweilige Veränderungen der Produktionsweise im Sozialismus erklären, nicht aber das Wesen des Entwicklungsprozesses dieser Produktionsweise selbst. Denn Konflikte zwischen Produktivkräften und Produktionsverhältnissen kann es im Sozialismus normalerweise in bezug auf die jeweiligen Gestaltungsformen der Produktionsverhältnisse geben, nicht aber in bezug auf den Typ der Produktionsverhältnisse selbst — ganz im Gegensatz zu allen vorangegangenen Typen von Produktionsverhältnissen. Schränken wir unsere Aussagen über die Dialektik von Produktivkräften und Produktionsverhältnissen auf die eben genannte Weise ein, so muß unvermeidlich der Eindruck entstehen, als ob die Dialektik — namentlich das Gesetz von der Einheit und dem „Kampf" der Gegensätze — nur im Bereich des Partiellen, des Momentanen auftrete, als ob es bei der Entwicklung der Produktionsweise im Sozialismus dialektische Prozesse grundlegender oder wesentlicher Art nicht mehr gebe.

Man muß feststellen, daß sich die Begriffe „Übereinstimmung" und „Nichtübereinstimmung" zur Erfassung dialektischer Wechselbeziehungen oder gar dialektischer Widersprüche nicht besonders gut eignen. Übereinstimmung und Nichtübereinstimmung treten auch zwischen Erscheinungen auf, die zueinander nicht im Verhältnis eines dialektischen Widerspruchs stehen. Als Widerspruch bezeichnen wir ein Verhältnis, in dem sich Seiten, Tendenzen, Verhaltensweisen wechselseitig bedingen und voraussetzen und in dem sie sich zugleich auf irgendeine Art gegensätzlich zueinander verhalten. Übereinstimmung und Nichtübereinstimmung bleiben diesem Widerspruchsverhältnis äußerlich. Bestenfalls kann mansie als verschwindende Momente des lebendigen Widerspruchsverhältnisses ansehen.

Solange die Dialektik von Produktivkräften und Produktionsverhältnissen auf die mit den Begriffen „Übereinstimmung“ und „Nichtübereinstimmung“ erfaßbaren Aspekte eingeschränkt und diese dann womöglich noch schematisch interpretiert werden, ist es unmöglich, die inneren Antriebe und die Kompliziertheit der Entwicklung von Produktionsweisen theoretisch zum Ausdruck zu bringen und insbesondere die innere Logik des geschichtlichen Wirkens der verschiedenen Klassenkräfte — und da wieder vor allem des Wirkens revolutionärer Klassen — sichtbar zu machen. Letzteres aber ist ja schließlich der Hauptsinn der Beschäftigung mit den dialektischen Wechselbeziehungen von Produktivkräften und Produktionsverhältnissen.

Ich möchte nun einen Marxschen Gedanken vortragen und analysieren, der in der philosophischen — meines Wissens aber auch in der ökonomischen — Literatur zur Dialektik von Produktivkräften und Produktionsverhältnissen bisher kaum Beachtung gefunden hat, obwohl er meines Erachtens den Ansatz zur Lösung einer ganzen Reihe theoretischer Fragen zu dem uns hier interessierenden Gegenstand fertig ausgebildet enthält. Bei der Darlegung allgemeiner theoretischer Schlußfolgerungen aus der detaillierten Untersuchung der kapitalistischen Produktionsweise macht Marx viel reichere dialektische Beziehungen zwischen Produktivkräften und Produktionsverhältnissen deutlich, als sie mittels der Termini „Übereinstimmung“ und „Nichtübereinstimmung“ gewöhnlich zum Ausdruck gebracht werden. Die instruktivste Äußerung Marx' fanden wir in: Marx-Engels-Archiv, Bd. II (VII), Moskau 1933, S. 174, 176. (russ. u. dt.) Es handelt sich um eine Vorarbeit zum „Kapital“. Dort heißt es: „Damit das Kapitalverhältnis überhaupt eintrete, ist bestimmte historische Stufe und Form der gesellschaftlichen Produktion vorausgesetzt. Es müssen sich, innerhalb einer früheren Produktionsweise, Verkehrs- und Produktionsmittel und Bedürfnisse entwickelt haben, die über die alten Produktionsverhältnisse hinaus und zu ihrer Verwandlung in das Kapitalverhältnis hindrängen. Aber sie brauchen nur so weit entwickelt zu sein, damit die formelle Subsumtion der Arbeit unter das Kapital vor sich gehe. Auf Basis dieses veränderten Verhältnisses entwickelt sich aber eine spezifisch veränderte Produktionsweise, die einerseits neue materielle Produktivkräfte schafft, andrerseits auf deren Grundlage sich erst entwickelt, und damit in der Tat sich neue reale Bedingungen schafft. Es tritt damit eine vollständige ökonomische Revolution ein, die einerseits der Herrschaft des Kapitals über die Arbeit ihre realen Bedingungen schafft, vollendet, entsprechende Form gibt, andrerseits in den von ihr gegensätzlich zum Arbeiter entwickelten Produktivkräften der Arbeit, Produktionsbedingungen und Verkehrsverhältnissen, die realen Bedingungen einer neuen, die gegensätzliche Form der kapitalistischen Produktionsweise aufhebenden Produktionsweise, und so die materielle Basis eines neu gestalteten gesellschaftlichen Lebensprozesses und damit einer neuen Gesellschaftsformation schafft.“

Soweit Marx. Gedanken dieser Art finden sich in der einen oder anderen Form auch in anderen Werken, etwa im „Kapital“, in den „Grundrissen“, in den „Theorien über den Mehrwert“.

Bei einer Analyse der vorgetragenen Stelle fällt zunächst auf, daß Marx die Wechselbeziehungen von Produktivkräften und Produktionsverhältnissen im Gesamtverlauf der Evolution einer Produktionsweise — hier der kapitalistischen — interessieren, daß er die einzelnen Gestaltungen dieser Wechselbeziehungen, wie sie sich in verschiedenen Phasen der Entwicklung einer Produktionsweise ausbilden, untersucht und in einen Entwicklungszusammenhang bringt. Es ergeben sich zumindest folgende Aspekte oder Gesichtspunkte.

Erstens. Die Herausbildung der kapitalistischen Produktionsweise setzt — wie die jeder anderen Produktionsweise auch — voraus, daß im Schoße der vorhergegangenen Produktionsweise eine bestimmte Entwicklungsstufe der Produktivkräfte und der Produktionsweise überhaupt erreicht worden ist. Diese Entwicklung muß aber nur bis zu dem Punkt gekommen sein, wo die Produktivkräfte und die Bedürfnisse über die alte Formation hinausdrängen und zur neuen hindrängen. Allgemein gesprochen tritt keine neue Produktionsweise an die Stelle der alten, wenn nicht im Schoße der alten Produktionsweise die materiellen Existenzbedingungen für die neue ausgebrütet sind. Dennoch findet keine Produktionsweise die für ihre volle Entwicklung und Durchsetzung erforderlichen Produktivkräfte fertig vor.

Der folgende, zweite Gesichtspunkt betrifft die Entwicklung der kapitalistischen Produktionsweise sozusagen auf ihren eigenen sozialökonomischen Grundlagen, auf der Basis des Verhältnisses von Lohnarbeit und Kapital. Und hier enthüllt Marx einen ganz eigentümlichen Aspekt des Wechselverhältnisses von Produktivkräften und Produktionsverhältnissen. Auf der Basis der neu entstandenen Produktionsverhältnisse entwickelt sich eine spezifisch veränderte Produktionsweise, wobei die Dialektik dieser Entwicklung darin besteht, daß diese Produktionsweise einerseits neue Produktivkräfte hervorbringt, andererseits auf deren Grundlage sich erst entwickeln kann. Damit tritt nach Marx eine ökonomische Revolution ein, in deren Gefolge die materiellen Bedingungen für den Übergang zu einer höheren Produktionsweise geschaffen werden. In den „Theorien über den Mehrwert" (Marx/Engels, Werke, Bd. 26. 1, S. 365) heißt es ähnlich: „Einerseits gestaltet es (das Kapital) die Produktionsweise um, andrerseits ist diese veränderte Gestalt der Produktionsweise und eine besondre Stufe der Entwicklung der materiellen Produktivkräfte die Grundlage und Bedingung — die Voraussetzung seiner eignen Gestaltung." In solchen Entwicklungsphasen von Produktionsweisen hängen die Ausbreitung und Durchsetzung der Produktionsverhältnisse von der raschen und breiten Weiterentwicklung der Produktivkräfte offenbar ebenso ab, wie umgekehrt die Entwicklung dieser Produktivkräfte von der Durchsetzung und Vervollkommnung der ihnen entsprechenden Produktionsverhältnisse abhängt. (Übrigens gibt es in den ökonomischen Werken Lenins Ende des 19. und Anfang des 20. Jahrhunderts eine ganze Reihe ähnlicher Hinweise über die wechselseitige Bedingtheit der Entwicklung der Maschinentechnik und der Entwicklung des Kapitalismus). Produktivkräfte und Produktionsverhältnisse „schaukeln" sich gewissermaßen „auf". Offenkundig ist dieser Aspekt der Dialektik von Produktivkräften und Produktionsverhältnissen von grundlegender theoretischer Bedeutung. Einerseits macht er dialektisch-widersprüchliche Wechselwirkungsprozesse zwischen Produktivkräften und Produktionsverhältnissen sichtbar, die in jenen Entwicklungsphasen einer Produktionsweise wesentlich sind, in denen diese eine revolutionäre Rolle spielt, in denen die Produktionsverhältnisse den Produktivkräften entsprechen oder eben mit ihnen „übereinstimmen". Andererseits macht er — zumindest für eine bestimmte, die kapitalistische Produktionsweise — die innere Dialektik sichtbar, auf deren Grundlage Produktionsverhältnisse aus Entwicklungsformen in Fesseln der Produktivkräfte umschlagen. Dieser Umschlag erfolgt also nicht deshalb, weil die Produktionsverhältnisse mehr passive und starre Hüllen sind, wie gewöhnlich angenommen wird, sondern umgekehrt, weil sie in dem Wechselverhältnis mit den Produktivkräften eine aktive Rolle spielen, weil sie im Rahmen der Möglichkeiten, die durch die Entwicklung der Produktivkräfte bedingt sind, über Umfang, Motiv, Stimuli, Tempo und Richtung der Produktivkräfte-Entwicklung entscheiden, weil sie solcherart eine Entwicklung der Produktivkräfte bewirken, in deren Gefolge die bewirkenden Verhältnisse für die von ihnen bewirkte Entwicklung zu eng werden.

Der dritte Aspekt, der sich aus dem Marx-Zitat ergibt, betrifft das Heranreifen der Voraussetzungen für die Beseitigung der kapitalistischen Produktionsweise und ihre Ersetzung durch die neue, höhere, kommunistische Produktionsweise. Der Konflikt zwischen den gesellschaftlichen Produktivkräften und den Produktionsverhältnissen gewinnt an Tiefe und Breite. Die Produktivkräfte, vertreten durch die revolutionäre Arbeiterklasse, rebellieren gegen die Produktionsverhältnisse, deren Träger die Bourgeoisie ist.

Aus unserer Erörterung ergibt sich, daß es in Marxscher Sicht erforderlich ist, alle wesentlichen Aspekte der Wechselbeziehungen von Produktivkräften und Produktionsverhältnissen, die in der Gesamtentwicklung einer Produktionsweise ihre Ausprägung erfahren, zu erfassen und in einen Entwicklungszusammenhang zu bringen. Offenkundig kann man zu keiner adäquaten theoretischen Konzeption von diesem wesentlich historischen Zusammenhang kommen, wenn die Dialektik von Produktivkräften und Produktionsverhältnissen auf „Übereinstimmung" und „Nichtübereinstimmung" reduziert wird. Diese Sicht der Dinge orientiert nicht auf die wirkliche Dialektik, auf deren Grundlage Produktionsverhältnisse, die einer gewissen Entwicklungsstufe der Produktivkräfte entsprechen und als Entwicklungsformen derselben funktionieren, sich von einem gewissen Punkt an in Fesseln der Produktivkräfte verwandeln, und zu Fesseln der Produktivkräfte gewordene Produktionsverhältnisse ersetzt werden durch Produktionsverhältnisse, die den entwickelteren Produktivkräften entsprechen.

Nun scheint mir, daß das alles für die theoretische Erfassung derjenigen Prozesse, die die Entwicklung der Produktivkräfte und der Produktionsverhältnisse bei der Gestaltung der entwickelten sozialistischen Gesellschaft beherrschen, besonders wichtig ist. Nach meiner Meinung wirkt sich hier eine einseitige, vereinfachende, undialektische Sicht der Dinge naturgemäß besonders negativ aus. Vor allem betrifft das den zweiten der eben im Anschluß an Marx betrachteten Aspekte der Wechselbeziehungen von Produktivkräften und Produktionsverhältnissen. In den Prozessen, die auf dem Gebiet der Produktionsweise bei der Schaffung der entwickelten sozialistischen Gesellschaft vor sich gehen, stehen eben gerade Wechselbeziehungen im Vordergrund, die diesem Aspekt entsprechen. In der Tat ist es ja gerade bei der Ablösung der kapitalistischen

Produktionsweise durch die kommunistische so, daß unter kapitalistischen Bedingungen zwar die materiellen Voraussetzungen für die Machtergreifung durch die Arbeiterklasse und für die sozialistische Umgestaltung der Produktionsverhältnisse heranreifen, daß aber die Produktivkräfte, die für die volle Entwicklung der kommunistischen Produktionsweise erforderlich sind, erst im Rahmen der Entwicklung dieser Produktionsweise selbst geschaffen werden müssen. Auch hier sind also die Produktionsverhältnisse die Basis für die Entwicklung einer spezifisch veränderten Produktionsweise, die einerseits neue Produktivkräfte erst hervorbringen muß, sich aber andererseits nur auf deren Grundlage entwickeln kann. Auf der einen Seite bilden die Weiterentwicklung der sozialistischen Produktionsverhältnisse, die immer bessere Ausnutzung ihrer Vorzüge, die ständige Vervollkommnung der Planung, Leitung und Stimulierung Voraussetzungen für die Schaffung eines neuen, höheren Typs von Produktivkräften, insbesondere für die Beschleunigung des wissenschaftlich-technischen Fortschritts. Auf der anderen Seite ist diese Entwicklung der Produktivkräfte die Voraussetzung für die Vervollkommnung der Produktionsverhältnisse und insbesondere dafür, daß die grundlegende Zielstellung der Produktion, die beständige Erweiterung des materiellen und kulturellen Lebensprozesses der Werktätigen und die allseitige Entwicklung der sozialistischen Persönlichkeit, auf immer höherem Niveau verwirklicht wird. Wenn wir formulieren, daß es darauf ankommt, die Errungenschaften der wissenschaftlich-technischen Revolution mit den Vorzügen des sozialistischen Wirtschaftssystems zu verbinden, so bringen wir damit, wie mir scheint, eben auch diese Art dialektischer Wechselbeziehungen zwischen Produktivkräften und Produktionsverhältnissen zum Ausdruck.

Nach meiner Auffassung werden wir nur mit einer Betrachtungsweise, die alle wesentlichen Aspekte der dialektischen Beziehungen von Produktivkräften und Produktionsverhältnissen in ihrem Entwicklungszusammenhang erfaßt und dabei auch jenen von uns besonders hervorgehobenen Aspekt berücksichtigt, zu einer adäqaten theoretischen Interpretation kommen, nicht aber dann, wenn wir den Blick auf den äußerlichen Wechsel von „Übereinstimmung“ und „Nichtübereinstimmung“ richten. Wir würden damit wohl vor allem auch die Aufgaben der sozialistischen Wirtschaftsleitung einseitig und vereinfacht bestimmen. In der Tat wäre es offenbar wenig sinnvoll, die Dinge so zu interpretieren, als ob die Leitungstätigkeit vor der Aufgabe stünde, sich herausbildende Nichtübereinstimmungen zwischen Produktivkräften und Produktionsverhältnissen zu konstatieren und die Produktionsverhältnisse wieder mit den Produktivkräften in Übereinstimmung zu bringen. Letzteres ist überhaupt eine vage Formulierung. Was soll das eigentlich heißen: die Produktionsverhältnisse mit den Produktivkräften in Übereinstimmung bringen? Das ist meines Erachtens nur sinnvoll, wenn es im Sinne dessen verstanden wird, was Marx „Entwicklungsformen der Produktivkräfte" oder „wesentliches Verhältnis für die Entwicklung der gesellschaftlichen Produktivkräfte" nannte. Wir bestimmen also die Aufgaben der sozialistischen Wirtschaftsleitung viel präziser, wenn wir sagen: Es geht darum, die Produktionsverhältnisse in bewußter Handhabung des gesetzmäßigen Zusammenhangs aller Aspekte der Dialektik von Produktivkräften und Produktionsverhältnissen so zu gestalten und zu vervollkommnen, daß sie ständig als Hebel, als richtungsgebender und beschleunigender Faktor der Produktivkräfte-Entwicklung wirksam werden.

Es ist noch zu vermerken, daß die behandelte Problematik seit einiger Zeit auch in der philosophischen Literatur der Sowjetunion ihren Niederschlag findet. Hier sei zunächst auf das Buch „Historischer Materialismus" von Furman, Moskau 1970, hingewiesen. In dem Widerspruch zwischen neuen Produktivkräften und alten Produktionsverhältnissen, meint Furman, komme den Produktivkräften die führende Rolle zu. Doch begännen neu entstandene Produktionsverhältnisse gegenüber den Produktivkräften ihrerseits die führende Rolle zu spielen, indem sie Charakter, Bewegung, Stimuli und Tempo der Entwicklung der Produktivkräfte bestimmten. Furman bezieht das vor allem auf den Sozialismus und sagt u. a.: „So existiert der Widerspruch nicht nur dann, wenn veraltete Formen die Entwicklung der Produktion behindern, sondern auch dann, wenn die gewaltigen Vorzüge der neuen, sozialistischen ökonomischen Verhältnisse nicht mit einem Mal vollständig realisiert werden. Der Widerspruch zwischen den alten ökonomischen Verhältnissen und den Produktivkräften und der Widerspruch zwischen den neuen ökonomischen Verhältnissen und den von der vorangegangenen Formation überkommenen Produktivkräften sind nicht zwei verschiedene Widersprüche. Das sind zwei Seiten ein und desselben Widerspruchs: Die eine Seite erzeugt unvermeidlich die andere, und der Widerspruch wirkt ständig."

Einen interessanten Vorschlag, der ebenfalls vor allem von den Problemen der sozialistischen Gesellschaftsentwicklung ausgeht, entwickelt Pletnikov in seiner Arbeit „Über die Natur der sozialen Bewegungsform", Moskau 1971. Er formuliert für die dialektische Entwicklung innerhalb einer Produktionsweise zwei Gesetze, das Gesetz der Übereinstimmung der Produktionsverhältnisse mit den Produktivkräften und das Gesetz der Übereinstimmung der Produktivkräfte mit der gesellschaftlichen Produktionsweise. Die Überwindung des Widerspruchs zwischen veränderten Produktivkräften und zurückgebliebenen Produktionsverhältnissen gestalte einerseits die Produktionsweise um, und andererseits stelle sie die Funktion der Produktionsverhältnisse als Motor der Entwicklung der Produktivkräfte wieder her. Die Veränderung der Produktionsverhältnisse in Abhängigkeit von den Produktivkräften drücke die Notwendigkeit der Entwicklung der Produktionsverhältnisse aus. Die Notwendigkeit der Entwicklung der Produktivkräfte aber drücke sich in den Erfordernissen des Gesetzes von der Übereinstimmung der Produktivkräfte mit der gesellschaftlichen Produktionsweise aus. „Das Wirken des Gesetzes der Übereinstimmung der Produktivkräfte mit der gesellschaftlichen Produktionsweise transformiert immer die Möglichkeit der Entwicklung der Produktivkräfte in die Notwendigkeit der Entwicklung gemäß dem Ziel der gesellschaftlichen Produktionsweise und den Mitteln zu seiner Verwirklichung. Darum erfordert die neue gesellschaftliche Produktionsweise, die auf der Grundlage der über den Rahmen der alten Produktionsweise hinausgewachsenen Produktivkräfte hervorgebracht wird, in der Perspektive notwendig eine eigene materiell-technische Basis.“

Man kann sicher über das eine oder andere streiten. Jedenfalls wird deutlich, daß auch hier die Notwendigkeit empfunden wird, bei der theoretischen Fassung der Wechselbeziehungen zwischen Produktivkräften und Produktionsverhältnissen eine Reihe neuer Überlegungen anzustellen.

Sitzungsberichte der AdW der DDR, 21	1973

G. Kohlmey

Zur Dynamik und Struktur der Widersprüche zwischen Produktivkräften und Produktionsverhältnissen bei der weiteren Entwicklung der sozialistischen Gesellschaft

1. Ein Wirtschaftswissenschaftler ist nicht nur an der allgemeinen Problemstellung der Wechselbeziehungen von Produktivkräften und Produktionsverhältnissen im Sozialismus interessiert, ihn bewegen sehr stark das stete Setzen und Lösen der vielfältigen konkreten Widersprüche zwischen den zahlreichen Elementen sowohl der Produktivkräfte als auch der Produktionsverhältnisse bei der weiteren Entwicklung der sozialistischen Gesellschaft.

In dieser Entwicklung wandelt sich ständig die Struktur der Produktivkräfte: Veränderung der Arbeitskraft, industriemäßige Methoden der Großproduktion in der Landwirtschaft, Automatisierungsprozesse, neue Energiequellen und Werkstoffe usw. Determiniert durch diese strukturellen Umgestaltungen der Produktivkräfte, verändert sich die Struktur der sozialistischen Produktionsverhältnisse: Weiterentwicklung der Eigentumsverhältnisse, Veränderungen innerhalb der vier Sphären des Reproduktionsprozesses und zwischen ihnen (Produktion, Distribution, Zirkulation und Konsumtion), neue Prozesse in den Strukturen der nationalen und der internationalen Produktionsverhältnisse u. a. m.

Dementsprechend wandeln sich laufend und vielfältig einzelne Wechselbeziehungen, einzelne Widersprüche zwischen einzelnen Elementen der Produktivkräfte und der Produktionsverhältnisse. Natürlich sind in diesem Ablauf letzten Endes die Produktivkräfte das Bestimmende; natürlich sind die sozialistischen Produktionsverhältnisse eine progressive gesellschaftliche Entwicklungs- und Bewegungsform der Produktivkräfte, weil ihr gesellschaftlich-kollektiver Charakter dem gesellschaftlichen Charakter der Produktivkräfte entspricht. Aber in diesem allgemeinen Rahmen gibt es eine Vielzahl von einzelnen Prozessen des Übereinstimmens, des Vorauseilens, Zurückbleibens und Veraltens, der Konflikte zwischen einzelnen Elementen sowohl der Produktivkräfte als auch der Produktionsverhältnisse. Die wissenschaftliche Fundierung und die politische Manövrierfähigkeit der planmäßigen Leitung der sozialistischen Gesellschaft, der Ausarbeitung von gesellschaftlichen Strategien und

Taktiken, von Plänen und Programmen besteht nicht zuletzt darin, diesen sehr konkreten und vielschichtigen Prozeß der dialektischen Wechselbeziehungen von einzelnen Elementen im System der Strukturen von Produktivkräften und Produktionsverhältnissen zu beherrschen.

Die sozialistischen Produktionsverhältnisse und die Planung der Entwicklung von Produktivkräften und gesellschaftlichen Beziehungen stehen unter dem ständigen Druck der Entwicklung und Veränderung der Produktivkräfte. Laufende Umstrukturierungen und Anpassungen sind notwendig, und dies in den objektiven Produktionsverhältnissen, ihrem Gesamtsystem, ihren einzelnen Elementen und den Verbindungen zwischen ihnen ebenso wie in den Methoden des Wirtschaftens, der Sozialpolitik und überhaupt der gesellschaftlichen Politik. Dabei besteht die aktive Funktion der sozialistischen Produktionsverhältnisse und der gesellschaftlichen Leitung natürlich nicht nur in der schnellen Anpassungsfähigkeit, sondern vielmehr vor allem darin, für die Entwicklung vorhandener und neuer Produktivkräfte vorausschauend und rechtzeitig genügend Spielraum zu schaffen.

Wichtig scheint mir dabei, daß wir nicht von Veränderungen in den Wechselbeziehungen und Widersprüchen von Produktivkräften und Produktionsverhältnissen der sozialistischen Gesellschaft sprechen können, von der Anpassung der Produktionsverhältnisse und ihrer aktiven, schöpferischen Funktion gegenüber den Produktivkräften, ohne sofort und zugleich die entsprechenden Prozesse der Veränderungen des gesellschaftlichen Überbaus und seiner Wechselbeziehungen zu Produktionsverhältnissen und Produktivkräften zu beachten.

Wenn zur Erläuterung auf Prozesse der Automatisierung der industriellen Produktion verwiesen werden darf oder auf die Entwicklung industriemäßiger Produktionsmethoden in der Landwirtschaft und schließlich auf die sozialistische ökonomische Integration, so dürfte deutlich werden, wie Entwicklung der Produktivkräfte (Großproduktion, volkswirtschaftliche und internationale Arbeitsteilung, Veränderungen der Wechselbeziehungen von körperlicher und geistiger, von landwirtschaftlicher und industrieller Arbeit) entsprechende Wandlungen in den gesellschaftlichen Produktionsverhältnissen auslösen, in den Beziehungen zwischen sozialistischen Persönlichkeiten, Klassen und Nationen. Das ist mit entsprechenden Veränderungen in den Beziehungen der Produktivkräfte und der Produktionsverhältnisse zum gesellschaftlichen Überbau verbunden. Fortschritte in der Entwicklung der Produktivkräfte und der Produktionsverhältnisse mit Umstrukturierungen im System ihrer Wechselbeziehungen führen z. B. zu veränderten Beziehungen zwischen den gesellschaftlichen Zentralen und den Territorien, Betrieben, Kombinaten, Instituten und anderen Einheiten; sie verlangen eine weitere Entwicklung des sozialistischen Bewußtseins, dabei des sozialistischen Internationalismus; es ändern sich die geistigen Beziehungen zwischen Arbeitern, Bauern und Intelligenz; die sozialistische Demokratie und die sozialistische Kulturpolitik müssen weiterentwickelt werden, usw. Die prinzipielle Übereinstimmung des gesellschaftlich-kollektiven Charakters der sozialistischen Produktionsverhältnisse mit dem gesellschaftlichen Charakter der Produktivkräfte schafft für die entsprechende sozialistische Politik der Umgestaltungen den notwendigen Spielraum.

2. Ganz anders im Kapitalismus/Imperialismus, in dem der Vergesellschaftungsprozeß der Produktion immer mehr gegen die Schranken des kapitalistischen Eigentums und der kapitalistischen Gesellschaftsordnung stößt.

Allerdings gibt es, wenn wir bei den ganz allgemeinen Kategorien bleiben, vielfältige konkrete Widersprüche zwischen vorauseilenden und zurückbleibenden Elementen der Produktivkräfte und der Produktionsverhältnisse auch im Kapitalismus. Auch hier beobachten wir Prozesse der Anpassung, des Übereinstimmens und der Konflikte. Wir bleiben ja nicht bei der zwar völlig richtigen, aber nur allgemeinen These stehen, daß die kapitalistischen Produktionsverhältnisse immer mehr veralten, daß der Widerspruch zu den Produktivkräften immer stärker wird und schließlich zum „großen Krach" führt, wie das hier Georg Klaus in der Diskussion gesagt hat.

Auch im Kapitalismus, auch im heutigen Imperialismus gibt es viele Prozesse des Anpassens einzelner Seiten und Elemente der Produktionsverhältnisse an den sich weiter entfaltenden gesellschaftlichen Charakter der Produktivkräfte. Es sind vorübergehende Anpassungsprozesse bei Beibehaltung und Verschärfung der sozialen Ausbeutung und nationalen Unterdrückung, der kapitalistischen Konkurrenz und des Klassenkampfes.

So war das im vergangenen Jahrhundert bei der Bildung der ersten Aktiengesellschaften, so war das beim Entstehen der Monopole im Prozeß der weiteren Konzentration der Produktion und Zentralisation der Kapitale, so verhält es sich mit dem staatsmonopolistischen Kapitalismus, in dessen System der Staat solche Kapitalfunktionen ausüben muß (wie etwa Finanzierung der Infrastruktur und dabei großer und rüstungswichtiger Forschungsarbeiten), zu denen einzelne, auch noch so große Kapitale nicht in der Lage sind. Schließlich sind imperialistische Integrationsblöcke und die internationalen Konzerne (die sogenannten multinationalen Gesellschaften) Gesellschafts- und Klasseninstitutionen, in denen auf kapitalistisch-imperialistische Art eine teilweise und zeitweilige Anpassung von Elementen der Produktionsverhältnisse an die Entwicklung der Produktivkräfte erfolgt.

Neue Konflikte aber werden ausgelöst. Das zeigt jeder Blick in die heutige Welt des Kapitals. Das Erkennen und Ausnutzen der vielen Widersprüche (im nationalen und im internationalen Rahmen) ist die große Aufgabe der Politik der revolutionären Parteien der internationalen Arbeiterklasse.

3. Die marxistisch-leninistische Theorie der Vergesellschaftung von Arbeit und Produktion bietet eine ausgezeichnete, fruchtbare Grundlage, um die Prozesse der Entfaltung von Dynamik und Strukturen der Widersprüche zwischen Produktivkräften und Produktionsverhältnissen bei der weiteren Vervollkommnung der sozialistischen Gesellschaft in den Griff zu bekommen.

Marx sah in der Entwicklung des gesellschaftlichen Gesamtarbeiters, der kooperativen Formen der Arbeitsprozesse, des gesellschaftlichen Charakters der Arbeit und ihrer Vergesellschaftung das große Vehikel der Fortschritte der materiellen Produktion, der gesellschaftlichen Arbeit und Arbeitsteilung. Dabei war für Marx die maschinelle Großproduktion die entscheidende Grundlage der Vergesellschaftung der Arbeit. Die Entwicklung der großen Maschinensysteme und alle damit zusammenhängenden Vorgänge der Entfaltung der gesellschaftlichen Produktivkräfte sind der tragende Pfeiler der Vergesellschaftung von Arbeit und Produktion.

Das gilt meiner Meinung nach auch voll für den Sozialismus, natürlich unter den heutigen Bedingungen der wissenschaftlich-technischen Umgestaltungen. Die Vergesellschaftung der Arbeit, der Produktivkräfte und der Produktion, wie sie unter sozialistischen Produktionsverhältnissen und unter den heutigen Bedingungen des wissenschaftlich-technischen Fortschritts vor sich geht, ist, wie mir scheint, einer der wichtigsten Ausgangspunkte, um an die konkreten Prozesse der vielen Widersprüche zwischen Produktivkräften und Produktionsverhältnissen in der sozialistischen Gesellschaft heranzukommen.

Dazu einige Bemerkungen.

4. Selbstverständlich ist die maschinelle Großproduktion heute nicht dieselbe wie vor fünfzig oder hundert Jahren. Gemeinsame allgemeine Grundzüge aber sind die Entwicklung der menschlichen Arbeitskraft und die „Ökonomie in der Anwendung des konstanten Kapitals“ (K. Marx, Das Kapital, Bd. 3). Zu ihr gehört die rationelle Gestaltung und Ausnutzung der Arbeitsgegenstände und der Arbeitsmittel.

Einige wichtige Entwicklungsprozesse der heutigen maschinellen Großproduktion scheinen mir die folgenden zu sein:

a) Ökonomie in der Anwendung der Arbeitsmittel in Form großer Anlagen. (Dabei sind große Anlagen nicht mit Großbetrieben identisch; es kann zersplitterte Produktionen auch in Großbetrieben geben.) Die heutigen Dimensionen der Produktivkräfte und ihrer weiteren Entwicklung verlangen außerordentlich große und komplexe Produktionsanlagen, mit Produktionsserien, die eine Minimierung der Stückkosten ermöglichen. (Natürlich ist die Größe der Anlagen und Serien von Erzeugnisgruppe zu Erzeugnisgruppe verschieden, anders z. B. bei Großtankern als bei Halbleitern.)

b) Ökonomie bei Anwendung der Arbeitsmittel durch Automatisierung der Produktionsprozesse.

c) Ökonomie in der Anwendung der Arbeitsgegenstände und der Hilfsstoffe, vor allem durch Senkung der spezifischen Material- und Energieverbrauchsnormen wie auch durch die verschiedenen Substitutionsprozesse: neue und rationelle Energieträger, neue Werkstoffe.

d) Immer umfangreicher und komplexer werdende Einbeziehung der wissenschaftlichen Arbeit in die produktive gesellschaftliche Gesamtarbeit. Das betrifft die Grundlagenforschung ebenso wie angewandte Forschungen und Entwicklungsarbeiten; das betrifft die dem betrieblichen Produktionsprozess vorgelagerten wissenschaftlichen Arbeiten ebenso wie die in den betrieblichen Produktionsprozeß direkt integrierten Arbeiten.

e) Ein wichtiges Element in der heutigen Entwicklung der Produktivkräfte und damit auch der maschinellen Großproduktion sind — darauf wurde in der Diskussion schon hingewiesen — Organisation und Information. Ohne sie keine planmäßige volkswirtschaftliche und internationale Arbeitsteilung, keine Großproduktion und Automatisierung, keine moderne Forschung.

Die in den Punkten a) bis e) aufgeführten Maßnahmen gehören zur Intensivierung des Produktionsprozesses, um die wir gegenwärtig bei uns in der Republik ringen.

f) Die Anwendung industriemäßiger Arbeits- und Produktionsmethoden in der sozialistischen Großlandwirtschaft gehört ebenfalls zum System der heutigen maschinellen Großproduktion.

g) Neue Anforderungen stellt dieses System auch an das, was wir mit einem nicht sehr exakten Sammelbegriff als Infrastruktur bezeichnen.

Mit den Punkten d) und e) wurde schon angedeutet, daß der Produktionsprozeß der Gegenwart neue Wechselbeziehungen zwischen der Arbeit im Produktionsbetrieb und der dieser Arbeit dienenden produktiven und nichtproduktiven Arbeit verlangt. Ohne ein den heutigen wissenschaftlich-technischen Anforderungen entsprechendes Bildungs- und Wissenschaftssystem, ohne moderne Verkehrseinrichtungen und modernes Nachrichtenwesen, ohne ein gesellschaftliches Informationssystem ist maschinelle Großproduktion heute nicht möglich. Für die gegenwärtige Entwicklung ist kennzeichnend, daß Arbeit und Leistungen in den Bereichen der Infrastruktur, daß die nur teilweise produktiven oder nicht unmittelbar produktiven gesellschaftlichen Arbeiten schneller zunehmen als die produktive Arbeit in Industrie und Landwirtschaft. Moderne maschinelle Großproduktion verlangt den Ausbau von internationaler Arbeitsteilung und internationalen Kooperationsbeziehungen in Forschung und Produktion. Auf die Dauer kann kein Land auf sich allein gestellt auf allen oder den meisten Gebieten wissenschaftlich-technische Spitzenleistungen hervorbringen. Auch die Beachtung dieses Umstands gehört zu der von Marx so benannten Ökonomie in der Anwendung des konstanten Kapitals. Deshalb ist die Internationalisierung des Produktionsprozesses der Volkswirtschaft der DDR ebenfalls eine Teilaufgabe der weiteren Intensivierung unseres gesellschaftlichen Reproduktionsprozesses.

5. Mannigfach sind die Veränderungen der sozialistischen Produktionsverhältnisse, die sich aus der skizzierten Entwicklung der Produktivkräfte im System der maschinellen Großproduktion ergeben. Je vorausschauender und planmäßiger wir diese Veränderungen gestalten, je besser das System der sozialistischen Demokratie entwickelt wird, in dem wir die Weiterentwicklung vornehmen, desto mehr Wirkungsfeld und Wachstumsstimuli gewähren die sozialistischen Produktionsverhältnisse den Produktivkräften.

Es seien einige Züge des Zusammenhangs von Veränderungen der Produktivkräfte und der sozialistischen Produktionsverhältnisse im System der maschinellen Großproduktion unserer Tage genannt.

a) Vielfältig sind die Einflüsse auf das Wachstum der Arbeiterklasse und die Veränderung ihrer Struktur, die von der sozialistischen Großproduktion und ihrer Rationalisierung ausgehen: Die Leitung und Bedienung von großen Anlagen und automatisierten Prozessen stellt hohe Anforderungen an die Qualität der Arbeitskraft; das Verhältnis von körperlicher und geistiger Arbeit verändert sich mehr oder minder schnell zugunsten der geistigen; ebenso verändert sich das Verhältnis von unmittelbar produktiver zu nicht unmittelbar produktiver Arbeit zugunsten der letzteren; gleiches trifft auf das Verhältnis von landwirtschaftlicher zu industrieller Arbeit zu — auch hier, zumindest gegenwärtig noch, Veränderung zugunsten der letzteren.

b) Mit diesen Vorgängen im Zusammenhang verändern sich Umfang und Strukturen der Klasse der Genosssenschaftsbauern und der Schicht der sozialistischen Intelligenz. Neue Prozesse der Annäherung und des Abbaus der Unterschiede zwischen den Klassen und Schichten werden durch die maschinelle Großproduktion im Sozialismus ausgelöst.

c) Es verändern sich weiterhin die sozialistischen Eigentumsverhältnisse, z. B. durch das Entstehen zwischenstaatlicher Organisationen und internationalen Eigentums, durch die Zunahme des staatlichen Eigentums in der Landwirtschaft und auch durch die Kooperationsbeziehungen im System der Nahrungsgüterwirtschaft.

d) Das Profil der sozialistischen Persönlichkeit bildet sich mehr und mehr heraus, in der Arbeit und in der Freizeit, in der Produktion ebenso wie in den politischen und geistig-kulturellen Beziehungen.

e) Im Prozeß der weiteren Internationalisierung von Arbeit und Produktion erfolgt eine weitere Internationalisierung der gesamten gesellschaftlichen Beziehungen, der Produktionsverhältnisse und des gesellschaftlichen Überbaus. Neue Elemente und Formen der Annäherung sozialistischer Nationen bilden sich heraus, z. B. in der internationalen Wirtschaftsintegration.

f) Eine weitere Entwicklung erfährt das Verhältnis der Ebenen im System des demokratischen Zentralismus der sozialistischen Produktionsverhältnisse. Entsprechend den Erkenntnissen der Theorie großer Systeme und den Anforderungen, die die mehrstufige Iterationsplanung stellt, verstärken sich die Konzentration der zentralen gesellschaftlichen Leitung auf Hauptprozesse und der Ausbau der eigenverantwortlichen Tätigkeit der Betriebe im Rahmen des gesellschaftlichen Steuerungs- und Regelungssystems.

g) Es ändern sich auch die Distributionsverhältnisse. Auf hohem Niveau ist das Leistungsprinzip sozial gerecht und wirtschaftlich effektiv anzuwenden, wird das System von Maßnahmen zum Ausbau der sozialen Sicherheit und Unterstützung wie auch der Gleichberechtigung ausgebaut (Mindestlöhne, erweiterter Urlaub, Familienunterstützung, Abbau allmählich unnötig werdender Einkommensdifferenzierungen und Privilegien).

h) Auch in der Konsumsphäre vollziehen sich vielfältige Veränderungen: Der Bereich der gesellschaftlichen Konsumtion (und dabei der unentgeltlichen) wird ausgebaut; die Struktur des individuellen Verbrauchs verändert sich; weiter wird die Konsumsphäre mehr und mehr internationalisiert (Tourismus, Bereicherung des Konsumgüterangebots durch stärkeren internationalen Austausch usw.).

Im konkret-reichhaltigen Setzen und Lösen aller dieser vielfältigen Widersprüche zwischen einzelnen Elementen der Produktivkräfte und einzelnen Gliedern der Produktionsverhältnisse entwickeln sich in einem historisch langen Prozeß allmählich jene Produktivkräfte, die kommunistische Gesellschaftsbeziehungen erfordern, es bereitet sich allmählich der Übergang von sozialistischen zu kommunistischen Produktionsverhältnissen und gesellschaftlichen Beziehungen vor.

6. Ich möchte abschließend noch einmal auf die Internationalisierung der Produktivkräfte und der sozialistischen Produktionsverhältnisse wie auch, wenn man das so nennen darf, auf die Internationalisierung der Wechselbeziehungen und Widersprüche von Produktivkräften und Produktionsverhältnissen bei der weiteren Ausgestaltung der sozialistischen Gesellschaft zu sprechen kommen.

Alles das, was über Dynamik und Strukturen von Produktivkräften und sozialistischen Produktionsverhältnissen gesagt wurde, trifft dem Wesen der Sache nach auf die volkswirtschaftlichen Beziehungen (auf die nationale Gesellschaft) ebenso zu wie auf die internationalen gesellschaftlichen Beziehungen. Beispiele wurden angeführt. Die Internationalisierung von Arbeit und Produktion verlangt neue Elemente beim Ausbau der internationalen sozialistischen Produktionsverhältnisse und auch verstärkte Wechselbeziehungen zwischen den internationalen und den nationalen Gesellschaftsverhältnissen, ebenso zwischen den Produktionsverhältnissen der einzelnen sozialistischen Nationen. Die Internationalisierung der sozialistischen Produktionsverhältnisse wird beschleunigt. Dem trägt die sozialistische ökonomische Integration der Mitgliedsländer des RGW Rechnung.

Ein anderer Aspekt der Wechselbeziehungen von Produktivkräften und Produktionsverhältnissen im sozialistischen Weltsystem scheint mir ebenfalls wichtig zu sein: Wir können das theoretische Problem und die konkreten Entwicklungen des Widerspruchs von Produktivkräften und Produktionsverhältnissen nicht in den Rahmen einer einzelnen Volkswirtschaft oder Nation zwängen. Der Sozialismus ist eine internationale Produktionsweise und eine internationalistische Gesellschaft. Dabei wirkt z. B. der Entwicklungsstand der Produktivkräfte eines Landes auf das Entwicklungstempo von Produktivkräften und Produktionsverhältnissen eines anderen sozialistischen Landes ein, hemmend oder fördernd, je nach dem Grad der Zusammenarbeit. Auf der anderen Seite erlaubt der Entwicklungsstand sozialistischer Produktionsverhältnisse in einem Land gegebenenfalls eine beschleunigte Entwicklung der Produktivkräfte und auch der Produktionsverhältnisse in einem sozialistischen Partnerland. In den internationalen gesellschaftlichen Beziehungen des Sozialismus wirkt das Prinzip der gleichberechtigten Zusammenarbeit, der gegenseitigen Hilfe und Unterstützung.

Generell gilt: Je rationeller, besser und schneller wir — bei Berücksichtigung aller anderen Aufgaben, vor allem des antiimperialistischen Kampfes — in der sozialistischen Staatengemeinschaft das Problem der allmählichen Angleichung des wirtschaftlich-technischen Entwicklungsniveaus lösen, desto vorteilhafter ist das für alle beteiligten Volkswirtschaften und Nationen. Je mehr die Wirtschaft eines sozialistischen Partnerlandes entwickelt ist, desto mehr Möglichkeiten bieten sich z. B. für die DDR, internationale Wissenschaftskooperation, Produktionsspezialisierungen und -kooperationen durchzuführen, zwischenstaatliche Organisationen aufzubauen und gemeinsame Betriebe oder Forschungsinstitute zu gründen.

Voller besonderer Problematik ist der internationale Aspekt des Widerspruchs von Produktivkräften und Produktionsverhältnissen in der sozialistischen Gesellschaft unter dem Gesichtspunkt der Festigung des Bündnisses von sozialistischem Weltsystem, internationaler Arbeiterklasse und nationaler, antiimperialistischer Befreiungsbewegung. Die Entwicklung des Widerspruchs von Produktivkräften und Produktionsverhältnissen in jungen Nationalstaaten und insgesamt in den sogenannten Entwicklungsländern ist nur vom Standpunkt der internationalen ökonomischen Beziehungen und dabei des unsere heutige Epoche bestimmenden Wettkampfes von sozialistischem und imperialistischem Weltsystem zu begreifen. Die Unterentwicklung der Produktivkräfte in der sogenannten Peripherie, in großen Gebieten und bei großen Bevölkerungsmassen, ist ein typisches Kennzeichen des imperialistischen Systems der Produktionsverhältnisse. Auf der anderen Seite setzen wir viele Potenzen des sozialistischen Welt- und Weltwirtschaftssystems ein, um die progressive Entwicklung in jungen, antiimperialistischen Nationalstaaten zu unterstützen. Auch hier haben wir ein weites Feld der Entfaltung vielfältiger weltwirtschaftlicher Widersprüche zwischen Produktivkräften und Produktionsverhältnissen vor uns. Kapitalismus und Sozialismus sind Weltsysteme. Ihr Kampf und der Sog des Sozialismus prägen unsere

Epoche. Stärker und tiefer, als es oft üblich ist, müssen wir deshalb das Problem des Widerspruchs von Produktivkräften und Produktionsverhältnissen im internationalen Rahmen der Welt und der Weltwirtschaft, des kapitalistischen und des sozialistischen Welt- und Weltwirtschaftssystems erfassen, müssen wir es unter den Bedingungen des Gegensatzes und des Kampfes zwischen den beiden Weltsystemen untersuchen. Damit tragen wir zum Ausbau der wissenschaftlichen Grundlagen des Kampfes der internationalen Arbeiterklasse und aller anderen antiimperialistischen Kräfte bei.

Sitzungsberichte der AdW der DDR, 21 | 1973

F. Oelssner

Ich will mich auf zwei kurze Bemerkungen beschränken.

Zunächst über das sogenannte Gesetz der Übereinstimmung der Produktionsverhältnisse mit dem Charakter der Produktivkräfte. Ich habe mich mit diesem Gesetz nie recht anfreunden können, weil es, wie mir scheint, gerade die Dialektik aus dem gesellschaftlichen Entwicklungsprozeß eliminiert. Als Stalin vor zwanzig Jahren dieses Gesetz formulierte, sprach er noch vom „Gesetz der *unbedingten* Übereinstimmung", und das war noch schlimmer. Das „unbedingte" hat man ja in letzter Zeit weggelassen, wohl aus dem unguten Gefühl heraus, daß da etwas nicht stimmt. Gewiß spricht Marx im Vorwort „Zur Kritik der politischen Ökonomie" davon, daß die Produktionsverhältnisse „einer bestimmten Entwicklungsstufe ihrer materiellen Produktivkräfte entsprechen". Darauf könnte man das Gesetz beziehen. Aber Marx erläutert doch unmittelbar nach diesem Satz die Dynamik, die dialektische Widersprüchlichkeit des Wechselverhältnisses von Produktivkräften und Produktionsverhältnissen. „Auf einer gewissen Stufe ihrer Entwicklung — so fährt Marx fort — geraten die materiellen Produktivkräfte in Widerspruch mit den vorhanden Produktionsverhältnissen oder, was nur ein juristischer Ausdruck dafür ist, mit den Eigentumsverhältnissen, innerhalb derer sie sich bisher bewegt hatten. Aus Entwicklungsformen der Produktivkräfte schlagen diese Verhältnisse in Fesseln derselben um. Es tritt dann eine Epoche sozialer Revolution ein". Mit diesen Worten hat Marx die ganze dialektische Reichhaltigkeit des Wechselverhältnisses Produktivkräfte — Produktionsverhältnisse aufgezeigt. Eliminieren oder zumindest unterbewerten wir aber gerade diese dialektische Seite nicht, wenn wir das Wechselverhältnis als „Gesetz der Übereinstimmung der Produktionsverhältnisse mit dem Charakter der Produktivkräfte" darstellen? Wir greifen hier aus dem Entwicklungsprozeß nur den Moment der zeitweiligen Herstellung der Übereinstimmung heraus, also der Lösung des Widerspruchs, und beachten nicht die revolutionäre Dynamik des Prozesses, nämlich das ständige Setzen und die ständige Lösung des Widerspruchs.

Natürlich vollzieht sich die Entfaltung dieses Prozesses im Sozialismus anders als in den bisherigen antagonistischen Gesellschaftsformationen, weil hier der Antagonismus des Widerspruchs zwischen der gesellschaftlichen Entwicklung der Produktivkräfte und dem privaten Eigentum an den Produktionsmitteln aufgehoben ist. An die Stelle der sozialen Revolutionen tritt die bewußte Anpassung der Produktionsverhältnisse an die Entwicklung der Produktivkräfte durch die Gesellschaft. Nicht zufällig schließt Marx den Gedankengang mit dem Satz ab: „Mit dieser (d. h. der kapitalistischen. F. O.) Gesellschaftsformation schließt daher die Vorgeschichte der menschlichen Gesellschaft ab". Aber das darf man doch nicht so verstehen, als ob in der entwickelten sozialistischen Gesellschaft das dialektische Wechselverhältnis zwischen Produktivkräften und Produktionsverhältnissen aufgehoben, als ob eine permanente Übereinstimmung zwischen ihnen hergestellt sei. Die Bewegungsform und die Lösungswege des Widerspruchs sind anders, aber der Widerspruch als das vorwärtstreibende Element bleibt. Und das gerade sollte der Gegenstand weiterer Forschung sein.

Meine zweite Bemerkung gilt dem Charakter der Produktionsverhältnisse in der entwickelten sozialistischen Gesellschaft. Ich meine, die Juristen machen es sich doch etwas zu leicht, wenn sie von der Identität von Eigentümer und Produzenten im Sozialismus sprechen und glauben, das Problem damit gelöst zu haben. Wir haben es doch auch hier mit einem komplizierten dialektischen, d. h. widersprüchlichen Verhältnis zu tun. Der Produzent als Mitglied der sozialistischen Gesellschaft hat teil am gesellschaftlichen Eigentum an den Produktionsmitteln. Das stimmt. Aber es besteht doch ein prinzipieller, qualitativer Unterschied zur realen Identität von Eigentümer und Produzenten in der einfachen Warenwirtschaft. Hier war der Produzent Eigentümer seiner Produktionsmittel, die ihrer Entwicklungsstufe nach dem individuellen Charakter des Produktionsprozesses entsprechen. Er hatte die volle Verfügungsgewalt über seine Produktionsmittel, er bestimmte den Verlauf des Produktionsprozesses, in dem seine eigene Arbeit ein entscheidender Faktor war. Ein Widerspruch zwischen den Produktionsverhältnissen und dem Charakter der Produktivkräfte bestand in dieser Wirtschaftsform nicht, er entwickelte sich erst mit dem Vordringen der kapitalistischen Produktionsweise.

In der sozialistischen Produktionsweise besteht das gesellschaftliche Eigentum an den Produktionsmitteln, das der hohen Stufe des gesellschaftlichen Charakters der Produktivkräfte und der Vergesellschaftung des Produktionsprozesses entspricht. Die Verfügungsgewalt über die gesellschaftlichen Produktionsmittel wie auch die Gestaltung des gesellschaftlichen Produktionsprozesses kann nur eine Sache der Gesellschaft sein, die sie an entsprechende (heute staatliche) Organe delegiert. Anders kann es gar nicht sein.

Der Produzent ist im Sozialismus zwar von vornherein eingegliedert in den gesellschaftlichen Produktionsprozeß. Aber hier müssen zwei Besonderheiten beachtet werden: erstens kann der Produzent nicht unmittelbare Verfügungsgewalt über die von ihm angewandten Produktionsmittel haben. Das schließt sowohl der hohe gesellschaftliche Charakter dieser Produktionsmittel wie das gesellschaftliche Eigentum aus. Zweitens ist der Produzent — trotz noch so hoch entwickelter Arbeitsteilung und gesellschaftlicher Produktion — als Werktätiger im Arbeitsprozeß als Person, als Einzelner tätig, er muß seine körperliche und geistige Arbeitskraft einbringen, die unlöslich mit seiner Leiblichkeit verbunden ist. Wenn auch im Kollektiv, muß er als Individuum arbeiten. Und das wird auch im Kommunismus so bleiben, möge die Automation noch so große Fortschritte machen. Die Arbeit bleibt die Grundlage der menschlichen Existenz. Und hier existiert ein realer Widerspruch zwischen dem gesellschaftlichen Eigentümer und dem individuellen Produzenten, der auch dann nicht verschwindet, wenn zum kommunistischen Verteilungsprinzip übergegangen werden kann und die Arbeit zu einem echten Lebensbedürfnis jedes normalen Menschen geworden ist.

Was ich zeigen wollte, ist, daß wir auch in der wissenschaftlichen Durchdringung der sozialistischen Produktionsverhältnisse noch einiges nachzuholen haben, daß wir dabei ohne die Widerspruchsdialektik nicht auskommen, und daß uns die These von der Identität von Eigentümer und Produzenten dabei nicht viel weiter hilft.

Sitzungsberichte der AdW der DDR, 21	1973

E. Poppe

Zum Vortrag möchte ich mir zwei Bemerkungen gestatten:

1. Seiner Analyse dialektischer Wechselbeziehungen von Produktivkräften und Produktionsverhältnissen im Sozialismus stimme ich zu. Dem Ökonom oder Philosophen unter uns mag vieles vertraut sein, mir als Juristen nicht so sehr. Ich halte es für einen echten Schritt zu den Quellen des Marxismus-Leninismus, wenn W. Eichhorn zielgerichtet und für mich überzeugend gegen die verflachende Darstellung von der Übereinstimmung bzw. Nichtübereinstimmung der Produktionsverhältnisse mit dem Charakter und dem Entwicklungsniveau der Produktivkräfte polemisiert. Die jüngeren Kollegen unter uns wissen, daß wir auf der Basis einer solchen vereinfachenden Formel mit der Relation von Produktionsverhältnissen und Produktivkräften in der Ausbildung vertraut gemacht wurden. Den meisten hat das den Zugang zu der von W. Eichhorn herausgearbeiteten, sehr komplizierten, aber auch sehr interessanten Dialektik ökonomischer und sozialer Beziehungen ein für allemal oder zumindest für lange Zeit gesperrt. Möglicherweise ist diese Situation in der studentischen Ausbildung noch heute so, ich nehme das deshalb an, weil man diesen verkürzten und meines Erachtens entstellenden Darstellungen, gegen die W. Eichhorn polemisiert, allenthalben begegnet. Anklänge dazu finden sich selbst im Artikel 2, Ziffer 4, unserer Verfassung, wenn als die wichtigste Triebkraft der Gesellschaft die Übereinstimmung der politischen, materiellen und kulturellen Interessen der Werktätigen und ihrer Kollektive mit den gesellschaftlichen Erfordernissen genannt wird. So sehe ich es als Verdienst von W. Eichhorn an, daß er uns mit seinem Vortrag wieder stärker zu Marx hingeführt hat und den Reichtum und die Vielfalt materialistisch-dialektischen Wirkens in der ökonomischen Basis der Gesellschaft sichtbar gemacht hat und so für die wissenschaftliche Forschung und Lehre, wie auch die gesellschaftliche Leitungsarbeit, zu entsprechenden Konsequenzen anregt.

2. Für den Staatstheoretiker stellt sich beim Anhören des Vortrages die Frage nach der Funktion des Staates und des Rechts in der dialek-

tischen Wechselbeziehung von Produktionsverhältnissen und Produktivkräften. Es ist nicht so sehr eine Frage an den Vortragenden, weil sie sein Thema überschreitet und weil er zudem darauf verweisen könnte, daß zu den Produktivkräften bekanntlich auch — und vor allem — die Menschen zu rechnen seien, die sich in der einen oder anderen Form politisch organisieren. Wenn man den Vortrag anhört, könnte der Eindruck entstehen, daß Staat und Recht sowohl im Kapitalismus wie auch im Sozialismus bei der Lösung entstehender Widersprüche zwischen bestehenden Produktionsverhältnissen und sich entwickelnden Produktivkräften hier keine oder zumindest keine nennenswerte Aufgabe hätten. Daß das nicht so ist, beweisen die Regulierungsversuche des monopolkapitalistischen Staates (bei all ihrer objektiven Begrenztheit und letztendlichen Untauglichkeit, soweit es den gesetzmäßigen revolutionären Sturz der kapitilistischen Produktionsweise anbelangt), beweist aber vor allem die Leitungs- und Planungstätigkeit des sozialistischen Staates und Rechts. Ich will damit keineswegs zum Ausdruck bringen, daß W. Eichhorn diese Tatsache aus seiner Darstellung der dialektischen Wechselbeziehungen von Produktionsverhältnissen und Produktivkräften eliminiert hat. Er läßt sie dort anklingen, wo er darauf verweist, daß eine vereinfachte Darstellung der Dialektik die Aufgaben der sozialistischen Wirtschaftsleitung desorientieren könnte.

Ich möchte meine Bemerkung nicht vordergründig als Kritik an seinem Vortrag verstanden wissen, sondern als die Forderung eines Staatstheoretikers an die eigene Disziplin und ihre Vertreter, Funktion, Aufgaben und Wirken vor allem des sozialistischen Staates und Rechts in bezug auf die ökonomische Basis und bei der Verwirklichung objektiver gesellschaftlicher Gesetze gründlicher zu untersuchen und darzustellen und dabei auch die Erkenntnisse der Philosophen, Ökonomen und Historiker stärker in die Staats- und Rechtstheorie zu integrieren.

Sitzungsberichte der AdW der DDR, 21 | 1973

K. Braunreuther

1. Produktivkräfte und Produktionsverhältnisse in ihrer *Verschiedenheit*, vor allem jedoch in ihrer *Einheit*, sind zwei verschiedene Aspekte einer einheitlichen Realität, deren Dynamik nicht ohne geschichtsperiodisch und räumlich orientierte konkrete Sozialforschung deutlich wird. In vielen Darlegungen, Diskussionen bleibt die theoretische Sachlage häufig unbefriedigend, wenn nämlich Produktivkräfte („Pk") und Produktionsverhältnisse („Pv") lediglich auf sehr hoher Abstraktionsebene behandelt werden. Hohe Abstraktion haben aber ihren Sinn nur im Zusammenhang mit niederen Abstraktionen und konkreten sozialen Erscheinungen im Fluß geschichtlicher Entwicklungen. Begriffe, lediglich auf hoher Abstraktionsebene immer wieder behandelt, nutzen sich bei Lesern und Hörern leicht ab; Kategorien führen dann in den Köpfen ein geisterhaftes Eigenleben in ihrer recht merkwürdigen Verselbständigung. Wer Studenten unterrichtet, der kennt das; aber es geschieht nicht nur bei ihnen, daß eine gewisse Lustlosigkeit am theoretischen „Spiel" um sich greift.

Mitunter wird z. B. von der „Gesamtheit der Produktionsverhältnisse" recht unreflektiert gesprochen. Fragt man, was gemeint ist, so hört man, es handle sich einmal um die vorherrschenden Produktionsverhältnisse einer Produktionsweise, zu denen — zum anderen — die noch wirkenden Reste früherer Produktionsweisen hinzukämen.

Es gibt aber auch eine andere Meinung, mit der ich mich seit langem identifiziere: Danach handelt es sich um die Gesamtheit von Produktions- (im engeren Sinne), Distributions-, Zirkulations- und Konsumtionsverhältnissen. Diese — wissenschaftlich produktive — Betrachtungsweise legt einen ganz anderen analytischen Schnitt in eine Produktionsweise. Sie enthüllt historische Strukturen und Funktionen eines in der Entwicklung befindlichen sozialökonomischen Wirkungsmechanismus. Der Zusammenhang von Geschichte und Logik wird — bei angemessenem Gebrauch des Prinzips — deutlich. Dies sei hier nur angedeutet, um zu zeigen, daß auf lediglich hohen Abstraktionsstufen auch Mißverständnisse oder Zweideutigkeiten gar nicht erst bemerkt und Probleme nicht gelöst, weil sie nicht aufgeworfen werden.

2. Für die weitere Diskussion auf dem angeschnittenen Gebiet kommt es darauf an, die Begriffe „Produktivkräfte“ und „Produktionsverhältnisse“ nicht nur nicht auf hohen Abstraktionsebenen allein zu behandeln, nicht nur „kontrastieren“ zu lassen, sondern zu bedenken, daß sie — im allgemeinen zwischen revolutionären Perioden — eine *Einheit* repräsentieren, weil sie einer einheitlichen sozialen Realität entsprechen. Wer sich solche Einheit freilich allzu monoton vorstellt, schuldet das nur seinem Mangel an Phantasie, meist eine Folge mangelnder Kenntnisse konkreter historischer Verhältnisse. Im Kapitalismus handelt es sich jedenfalls um eine Einheit von Ausbeutungsverhältnissen und Klassenkämpfen für eine längere Periode. Es wäre ein Irrtum anzunehmen, letztere gingen nur den Aspekt „Produktionsverhältnisse“ etwas an und nicht den Aspekt „Produktivkräfte“.

Der *Charakter* der *Einheit* einer Produktionsweise kommt allerdings erst zutage beim Studium der *Differenziertheit* der Verhältnisse innerhalb von Produktionsverhältnissen und Produktivkräften, wobei die *Verflochtenheit der Verhältnisse* ebenso zu studieren ist wie auch die *Ungleichmäßigkeit* ihrer Entwicklungen im einzelnen. *Ob Produktivkräfte oder Produktionsverhältnisse*: *Es handelt sich* — jeweils eine Gesellschaft insgesamt betrachtet — *immer um dieselben Menschen*. Das ist es, was in lediglich auf sehr hohen Abstraktionsstufen beharrenden Diskussionen aus der Betrachtung gewöhnlich herausfällt. Produktivkräfte und Produktionsverhältnisse: Ihnen entsprechen — im Prinzip und hier von mir notwendigerweise sehr allgemein ausgedrückt — zwei verschiedene Formen sozialer „Organisation“ („Organisation“ hier nicht im strengen Sinne des Wortes, also etwa im Sinne einer praktikablen speziellen Organisationswissenschaft; die Schwierigkeiten von Diskussionen, wie hier der geführten, beruhen auch darauf, daß sich die Mischung von Fachsprachlichem und Umgangssprachlichem nicht vermeiden läßt).

Bezüglich „Produktivkräfte“ befinden sich die Menschen mehr oder weniger in einer *technologischen*, damit häufig beruflichen Organisation (auch das ist nicht genau ausgedrückt, weil Technologie und Beruf sich bezüglich der Probleme überschneiden und beide nicht den Begriff „Produktivkräfte“ abdecken). Hinsichtlich der „Produktionsverhältnisse“ jedoch befinden sich die Menschen in *sozialökonomisch* determinierten „Organisationen“, Verhältnissen, Beziehungen. Aber die soziale Klassenschranke im Kapitalismus geht nicht nur hier mitten hindurch, sondern nimmt auch Einfluß auf die Gestaltung der Produktivkräfte, die als soziale Organisiertheit noch verschiedenen anderen Kriterien gehorcht Die beiden Aspekte sozialer Organisiertheit bilden sich nicht aufeinander ab. Differenziertheiten spezieller sozialer Schichten werden freilich bei dieser vorerst sehr globalen Betrachtung vernachlässigt. Wir sehen, auch diese Abstraktionsstufe ist immer noch ziemlich hoch, doch wird hier schon stärker in Richtung geschichtlicher Wirklichkeit vermittelt. Dessenungeachtet bedeutet Differenziertheit nicht Auflösung der Einheit von Produktivkräften und Produktionsverhältnissen. Wenn nun ständig Einzelwissenschaften, so die marxistisch-leninistische Soziologie, seitens der Philosophie gemahnt werden, deren Prinzipien immer im Auge zu behalten (eine Mahnung, der durchaus Gehör zu schenken ist), so muß aber auch dem Fachvertreter der Philosophie gesagt werden, daß er den unmittelbaren Praxis- und Forschungsbedürfnissen der Einzelwissenschaften auch in den Gesellschaftswissenschaften entgegenzukommen hat. Das muß heute über die allgemeinste Methodologie durchaus hinausgehen und sich auch auf direkte Methoden und Untersuchungstechniken erstrekken. Es muß schon das „*Wie*" am exemplarischen Objekt hin und wieder wenigstens demonstriert werden können, und es genügt nicht, sich auf die Linie einer Terminologie-Kritik zurückzuziehen, auch wenn sie an sich ihre Berechtigung haben mag (nur lösen sich damit die schwierigeren Probleme des Lebens noch nicht, denn die Probleme sind eben vorhanden, auch ohne oder mit nicht immer sachgerechter Bezeichnung und Beschreibung, ein Umstand, den Marx z. B. bei seiner Kritik an Adam Smith immer großzügig in Rechnung gestellt hat).

3. Ich habe schon angedeutet, daß man dem komplexen Problemkreis der Wechselbeziehungen von Produktivkräften und Produktionsverhältnissen durch die Pforte der Problematik „Arbeitsteilung" in ihren geschichtlichen Formen näher kommt. Ich halte dies mindestens für *einen* sehr geeigneten Zugang. Dabei ist bezüglich der Produktionsverhältnisse die *geschichtliche*, hinsichtlich der Produktivkräfte die *technologische Arbeitsteilung* (in einem sehr allgemeinen Sinne freilich) in Betracht zu ziehen. Da es sich nun — wie schon gesagt — jeweils um eine bestimmte Gesellschaft handelt, also um dieselben „Menschen" (ein Abstraktum, das ausnahmsweise hier erlaubt sein muß), so läßt sich z. B. schon viel genauer die geschichtliche Vorbereitung wie auch die Zuspitzung jener Seite historisch relevanter Vorgänge erfassen, die wir etwa beschreiben mit Ausdrücken wie „die Produktionsverhältnisse hemmen" oder „die Produktionsverhältnisse fördern die Entwicklung der Produktivkräfte" oder „die Veränderung der Produktivkräfte drückt auf die Herstellung ihr gemäßer Produktionsverhältnisse" oder wie wir auch sonst die Vorgänge je nach

spezieller historischer Situation verallgemeinernd zu beschreiben pflegen. Es gibt nun mal in der Geschichte selten „reine“ oder „klassische“ Vorgänge, die für sich allein die aus der geschichtlichen Logik gewonnenen Prinzipien oder Kategorien repräsentieren. Deshalb ist das heute und hier diskutierte komplexe Problem, auf das es dem Referenten doch wohl anzukommen scheint, zugleich ein zutiefst philosophisches Problem des tatsächlichen wie theoretischen Zusammenhangs von Geschichte und Logik. Das ist für die Erforschung der Vergangenheit schon schwer, für das Erfassen von „Gegenwart“ im Prozeß des Geschehens noch schwerer (ich darf hier unbescheidenerweise an meinen kürzlich gehaltenen Einleitungsvortrag vor dieser Klasse erinnern). Ich nehme nicht an, daß es marxistische Philosophen gibt, denen es so wie dem Historiker (in einer Anekdote) ergeht, der wohl die Geschichte liebt, aber nur als Objekt seines Lebensunterhalts und nicht, wenn sie — zu seinen Lebzeiten — passiert.

Bezüglich technologischer und gesellschaftlicher (sozialökonomisch determinierter) Arbeitsteilung und ihrer Wechselbeziehungen ist unsere gegenwärtige historisch-soziologische Forschung durchaus noch in den Anfängen, und man kann kaum auf gravierende Ergebnisse zurückgreifen. Ich erwähne dies nur, um die Eigenverantwortung des Soziologen für unser heutiges Thema zu betonen. Es muß auch gesagt werden, daß die tatsächlichen historischen Verhältnisse heute, gestern und künftig — unter welchem Aspekt wir sie auch betrachten (den Aspekt „Überbau“ habe ich ausgelassen, um meine Redezeit nicht zu überziehen, jedoch handelt es sich auch hier um dieselben Menschen in Zeit und Raum, wenn man eine ganze Gesellschaft betrachtet!) — sich eben nicht so mosaikartig zusammensetzen lassen wie das bei der bloß globalen Behandlung von sehr abstrakten Begriffen der Fall zu sein *scheint*. Wenn aber die vermittelnden Glieder, die Ansatzstellen, seitens des Fachphilosophen für den Gebrauch in den gesellschaftlich wichtigen Einzelwissenschaften nicht geboten werden, dann ist es nicht verwunderlich, wenn zwischen fachphilosophischen Texten und Aussagen über die Gesellschaft und empirisch-theoretischen Texten, Aussagen und Tabellen kein Weg gefunden wird. Dann kann auch nicht erwartet werden, daß z. B. der Soziologe bei seinen Forschungen in Gegenwart und Vergangenheit seine Resultate so formuliert, daß sie der Philosoph als Halbfabrikat verwenden kann. Daß hier entschieden etwas verändert werden muß, das scheint die heutige Diskussion so ganz nebenbei auch zu lehren.

Sitzungsberichte des AdW der DDR, 21 | 1973

L. Welskopf

Die Ausführungen des Referenten über die mögliche Rückwirkung neu geschaffener Produktionsverhältnisse auf die Weiterentwicklung der Produktivkräfte sind nicht nur für die Phase der Entstehung und Ausbreitung kapitalistischer und sozialistischer Produktionsverhältnisse von wissenschaftlichem Interesse, sondern auch für die ökonomischen Entwicklungsphasen im Alten Orient und in der griechisch-römischen Antike.

Beispielsweise hat die Intensivierung und Ausbreitung der Handelsbeziehungen, d. h. der Tauschwertverhältnisse Ware und Geld in der griechischen Antike die Ausbreitung des Privatsklavereiverhältnisses gefördert. Die Ausbreitung der Sklaverei diente dem Profitstreben der Kaufleute, für die der Mensch eine der gewinnbringendsten, zeitweise wahrscheinlich die gewinnbringendste Ware überhaupt gewesen ist. Da das antike Privateigentumsverhältnis am Menschen von Anfang an vollständig frei war — auch die Metoiken konnten sich Sklaven in unbeschränkter Menge halten, während ihnen das Eigentum am Boden verwehrt oder doch für sie sehr eingeschränkt war —, wurde die Ausbreitung des Privateigentums, d. h. das generelle neue Produktionsverhältnis durch die Ausdehnung und Intensivierung der antikspezifischen Privatsklaverei vorangetrieben, damit aber auch die Produktivkraft „gesellschaftliche Arbeitskraft“ in ihrer Entwicklung wesentlich gefördert.

Ein Haupthebel für neue und produktivere Anwendungsmöglichkeiten der gesellschaftlichen Arbeitskraft (der grundlegenden und maßgebenden Produktivkraft überhaupt) war die Mobilisierung des unmittelbaren Produzenten innerhalb der seßhaft gewordenen Gruppe. K. Marx hat diesem Vorgang, der mit der Enteignung des Produzenten verbunden, somit ein ökonomischer Fortschritt in unmenschlicher Form war, schon seine Aufmerksamkeit gewidmet. Unter den Verhältnissen einer noch weitgehenden eigentumsmäßigen Verbindung des Produzenten mit dem Boden vollzog sich seine Losreißung keineswegs ausschließlich, aber doch in neuer typischer Weise durch die gewaltsame Verknechtung in Privathand. Die Mobilisierung und Neu-Konzentrierung der Arbeitskräfte aber war eine der Voraussetzungen für die Entwicklung des städtischen Gewerbes sowie für die Entstehung und Bewirtschaftung von größerem Grundbesitz (sobald die Verknechtung der bodensässigen Bevölkerung abgeschafft war). Allerdings war die Losreißung vom Boden noch mit der ökonomisch wiederum schwerfälligen und relativ kostspieligen Bindung an den Arbeitsherrn verknüpft, die auch das ständige Arbeitsverhältnis verbürgte.

Es handelte sich um eine relativ kurze, aber sehr wirkungsvolle Etappe in dem weltgeschichtlichen fortschreitenden Mobilisierungsprozeß der gesellschaftlichen Arbeitskraft, in einer Phase der Antike, gefördert durch das sich neu ausbreitende Produktionsverhältnis der Privatsklaverei.

Bei Fragen zur Produktsicherheit wenden Sie sich bitte an:
If you have any questions regarding product safety,
please contact:

Walter de Gruyter GmbH
Genthiner Straße 13
10785 Berlin
productsafety@degruyterbrill.com